AF170420

Liebe Mandala-Liebhaber,

es freut mich, dass Sie sich für diese Mandala-Ausgabe entschieden haben.

Nicht ohne Grund können Kinder und Erwachsene sich stundenlang mit Mandalas beschäftigen. Das Ausmalen erfordert Geduld, Farbgefühl, Kreativität und Konzentration. Das Mandala wird so zum individuellen Erlebnis und zum persönlichen Kunstwerk.

Mandalas werden bis in die heutige Zeit als Meditationshilfe verwendet. Die Anordung um ein Zentrum hilft bei der Findung der inneren Mitte und entspannt den Geist in einer heutzutage immer schneller und lauter werdenden Umwelt.

Es macht Spaß, die Wirkung beim Ausmalen selbst zu erleben!

Die von mir entworfenen Mandalas in etlichen Ausgaben haben sich seit dem erstmaligen Erscheinen zu Bestsellern entwickelt. Das hat mich darin bestärkt, die erfolgreiche Reihe fortzusetzen und auch in Zukunft weitere neue Mandalas zu gestalten und diese zu veröffentlichen.

Ihr Andreas Abato

Bücher von Andreas Abato sind im örtlichen Buchhandel bestellbar und über den online-Handel erhältlich.

Das Werk einschließlich aller seiner Teile ist urheberrechtlich geschützt. Jede Verwertung außerhalb der Grenzen des Urheberrechtsgesetzes ist ohne Zustimmung des Autors und des Verlages unzulässig und strafbar. Das gilt insbesondere für Vervielfältigungen, Übersetzungen, Mikroverfilmungen und die Einspeicherung und Verarbeitung in elektronischen Systemen.
Printed in Germany · Herstellung und Verlag: BoD - Books on Demand, Norderstedt · Zeichnungen: Andreas Abato
ISBN 978-3-7357-1894-5

Die Bedeutung der Farben

Rot	Liebe, Leidenschaft, Ausdauer, Kaft
Blau	Ruhe, Kühle, Entspannung, Frieden
Gelb	Licht, Aktivität, Freude, Freiheit
Orange	Lebensenergie, Freude, Mut
Grün	Natur, Kraft, Leben, Hoffnung
Rosa	Weiblichkeit, Sanftmut
Violett	Selbstbestimmung, Geist, Glaube
Schwarz	Würde, Standhaftigkeit
Weiß	Unschuld, Reinheit, Klarheit

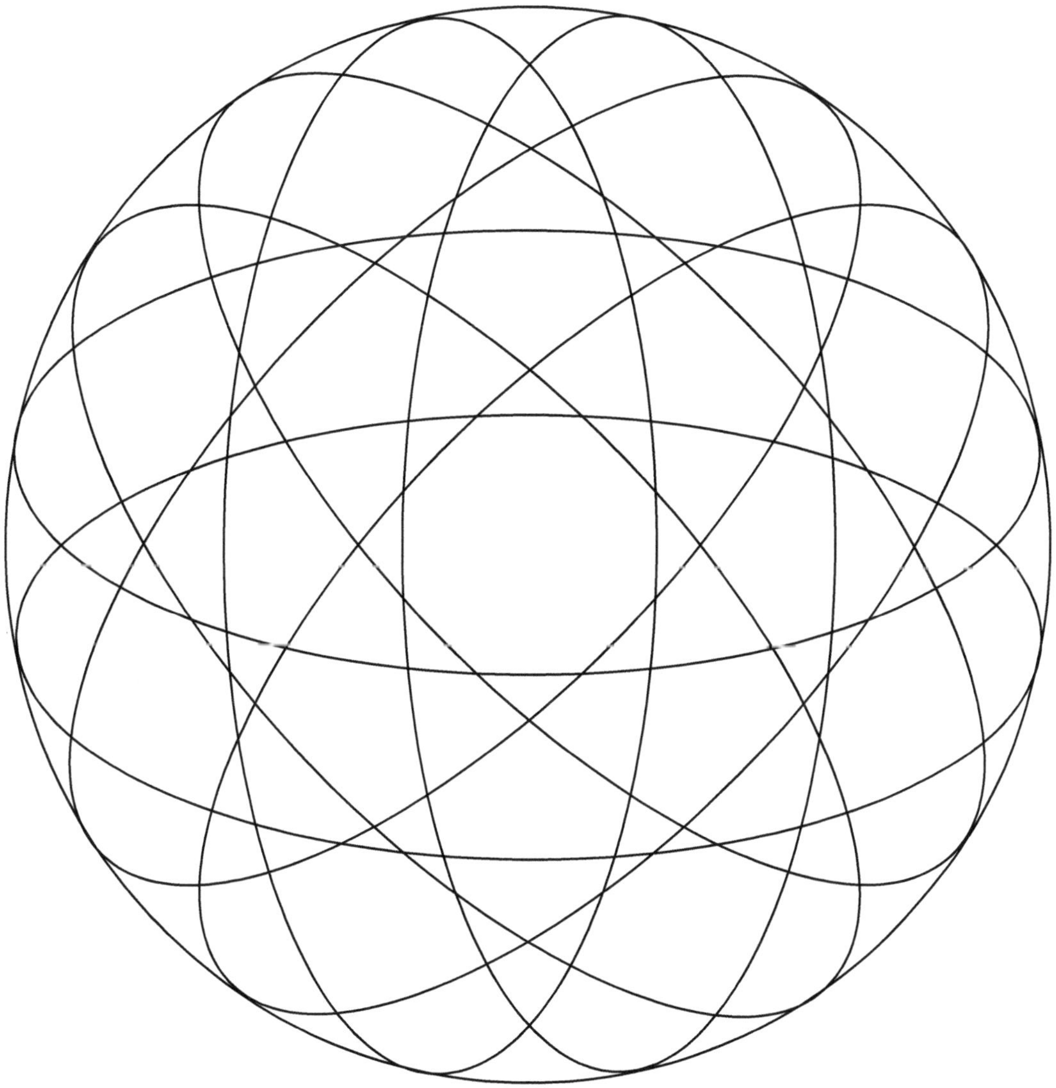

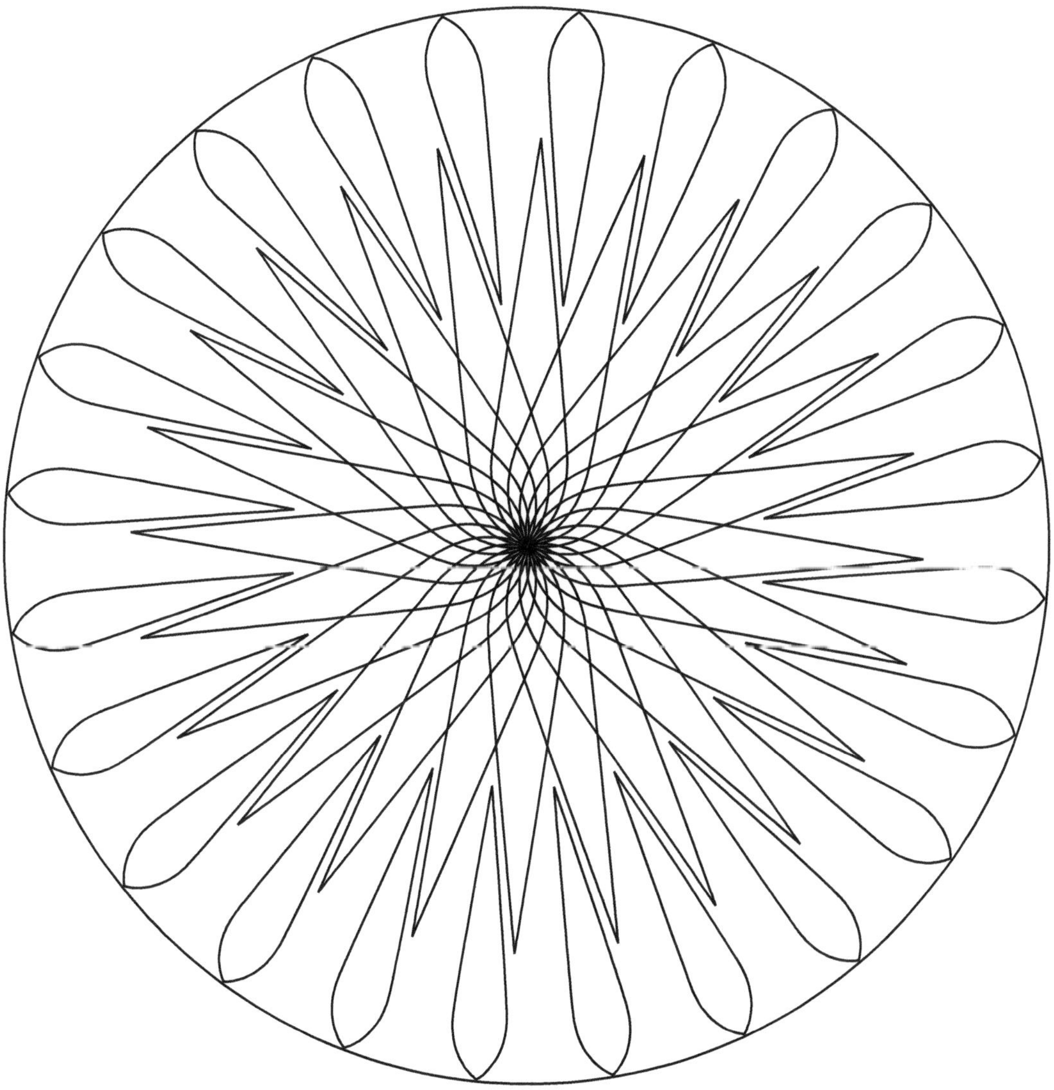

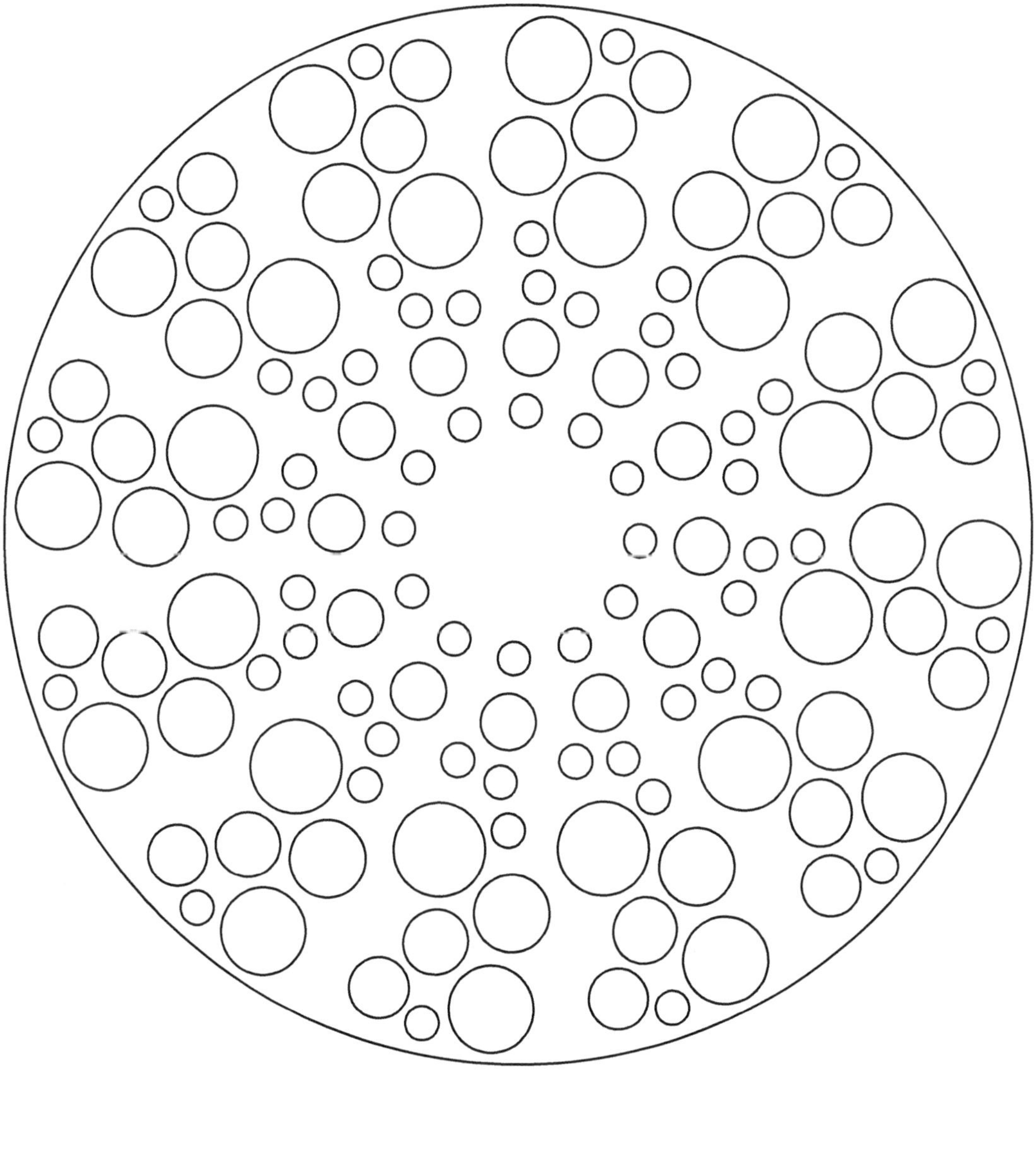

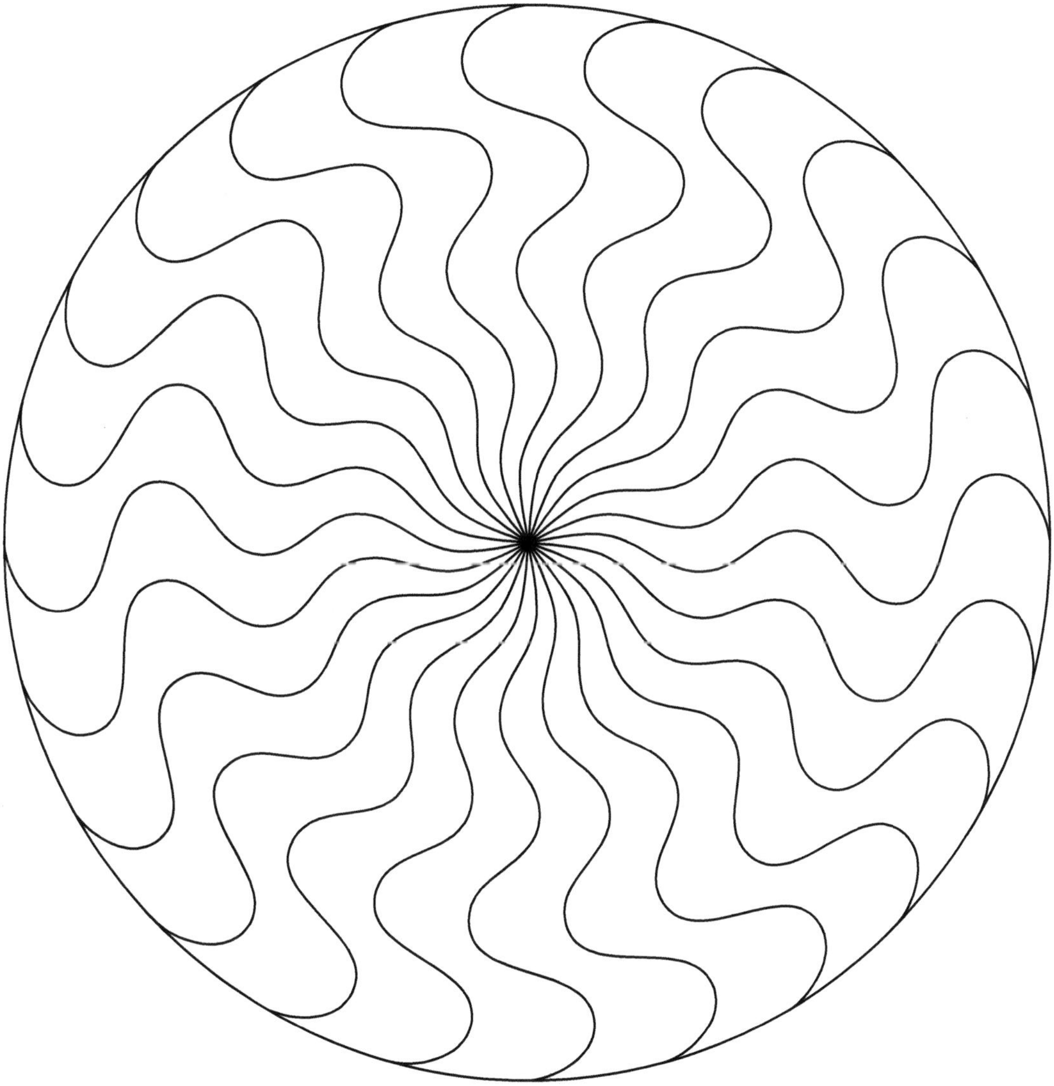

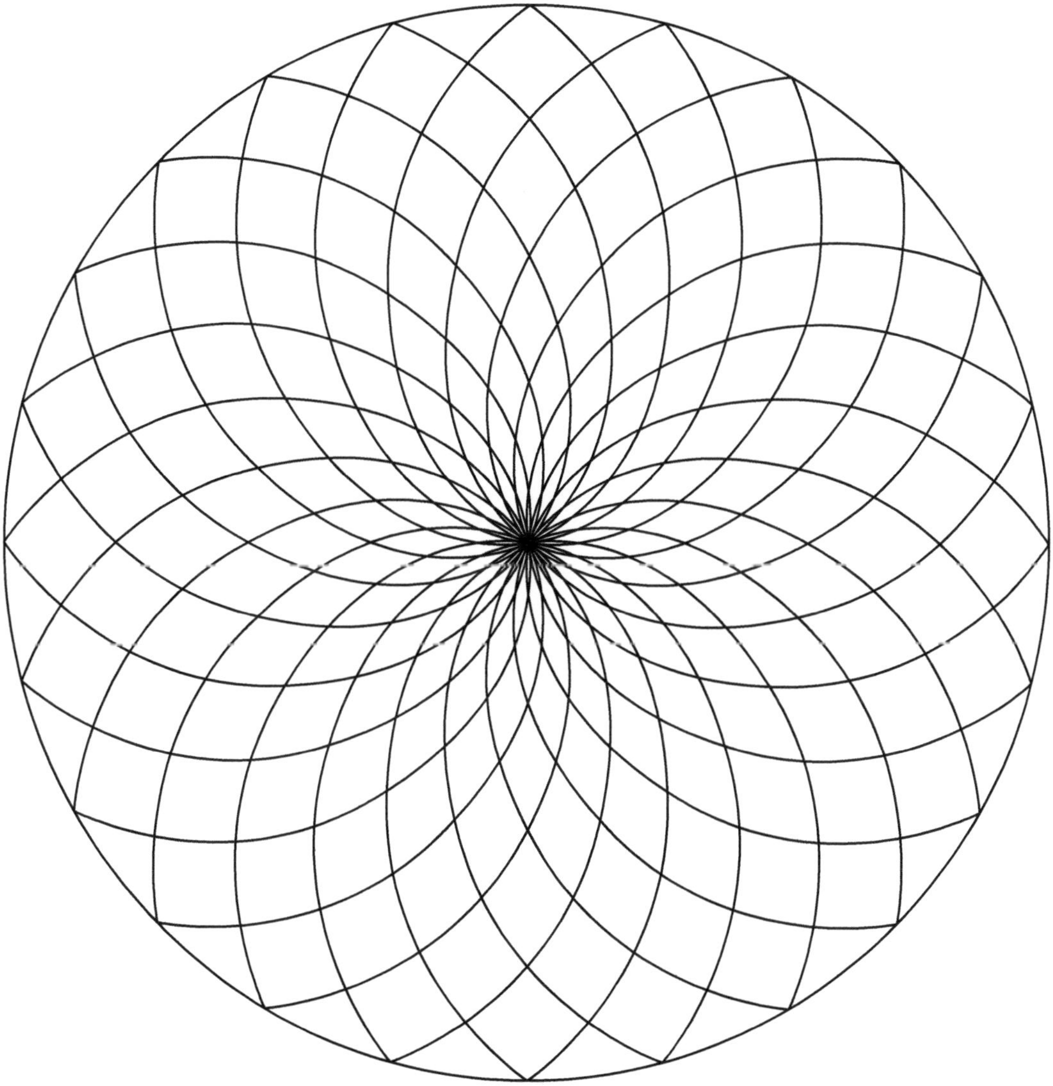

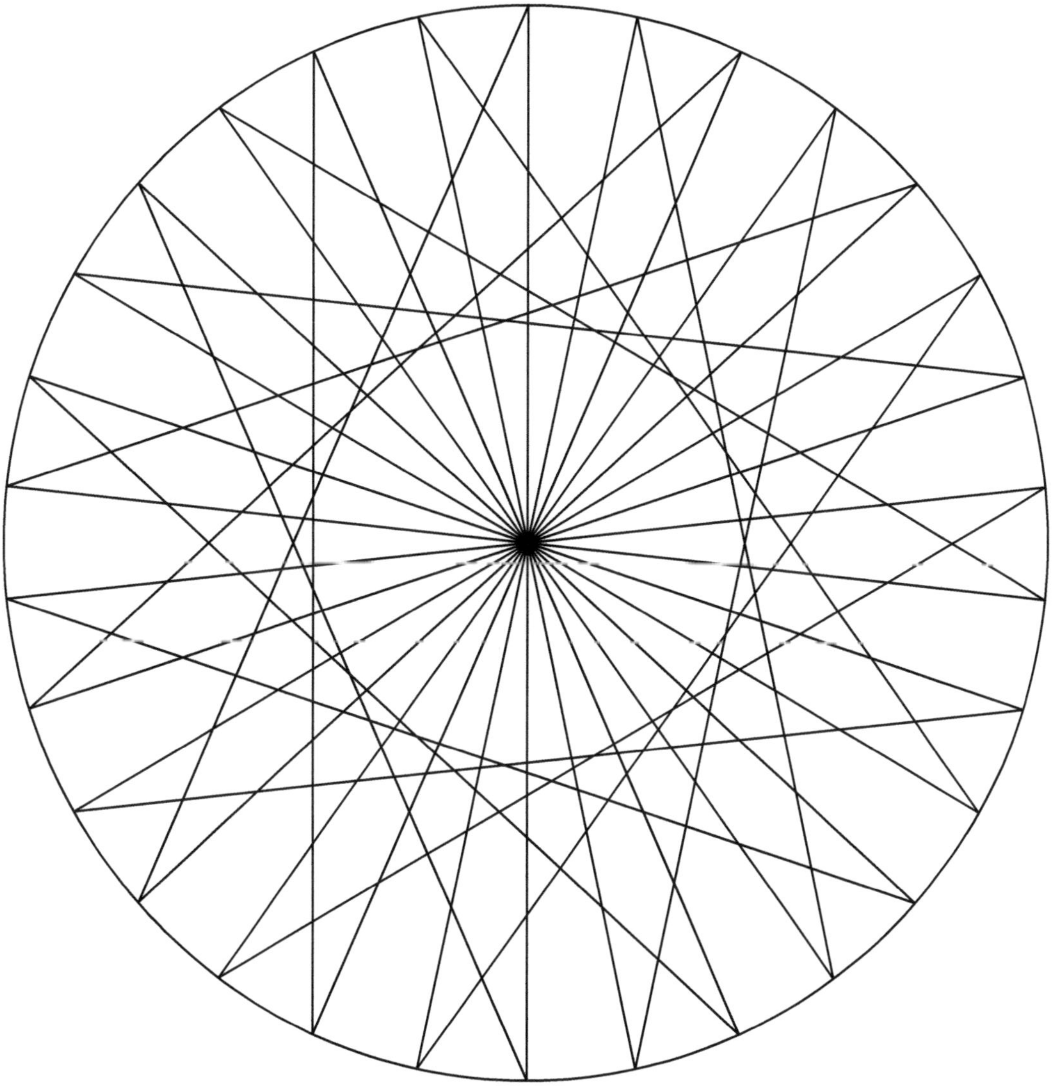

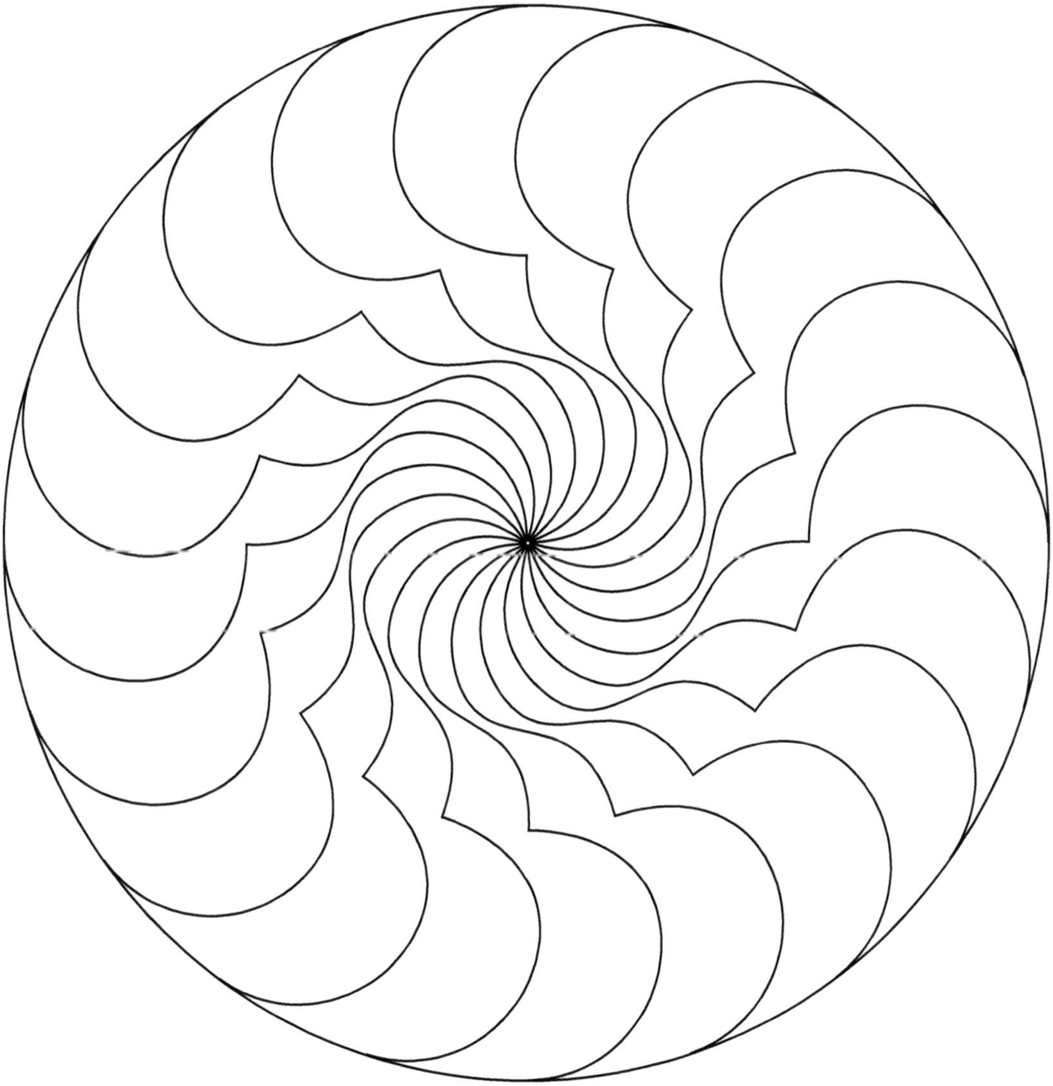

FSC
www.fsc.org
MIX
Papier aus verantwortungsvollen Quellen
Paper from responsible sources
FSC® C105338